Annette von Droste-Hülshoff

Die Judenbuche

Arbeitsheft

Von Peter Bekes
und Werner Bockholt

Schroedel

Texte • Medien

Herausgegeben von Peter Bekes und Volker Frederking

Druck A 2 / Jahr 2005
Alle Drucke der Serie A sind im Unterricht parallel verwendbar.

Redaktion: Franziska Voigt, Hamburg
Herstellung: Barbara Frankhuizen
Reihentypografie: Iris Farnschläder, Hamburg
Satz und Repro: UMP Utesch Media Processing GmbH, Hamburg
Druck: Oeding Druck und Verlag, Braunschweig

ISBN 3-507-47101-9

Das Texte • Medien -Programm zur »Judenbuche«:

Textausgabe mit Materialien 3-507-47001-2
Arbeitsheft 3-507-47101-9
Informationen für Lehrerinnen und Lehrer 3-507-47201-5

Informationen und Materialien im Internet:
www.schroedel.de/textemedien

Inhalt

Biografie
Was Bilder über Menschen und Zeiten sagen **4**
Wer findet das Lösungswort? **5**
Annette von Droste-Hülshoff auf Reisen **6**
Eine kleine Charakterstudie der Dichterin **7**
Wie Annette von Droste-Hülshoff lebte **8**

Entstehung
Ein schrecklicher Mord oder die »Geschichte eines Algierer-Sklaven« **9**

Verstehen und Deuten
Einführung
Ein Kreuzworträtsel für aufmerksame Leser(innen) **10**
Der »rote Faden« der Geschichte **12**
Ein Kriminalkommissar aus Paderborn berichtet **13**
Aufbau
Eine spannende Geschichte in Fortsetzungen **14**
»Die Judenbuche« als Kriminalerzählung **15**
Charaktere
Friedrich Mergel in seiner Umwelt **16**
Friedrich Mergels Heimkehr – ein fiktives Interview **17**
Themen und Motive
»Um Haaresbreite« – ein innerer Monolog **18**
Friedrich Mergel vor Gericht – eine fiktive Gerichtsverhandlung **19**
Kleine poetische Natur- und Wetterkunde **20**
Sprachliche und erzählerische Gestaltung
Das Hochzeitsfest – die Erzählerin als Zeugin **21**
Eine unheimliche Begebenheit **22**
Wie geschah es? **23**
Gesamtdeutungen
Welche Deutung ist die beste? **24**

Wirkung
Literarisches Marketing – einen Klappentext schreiben **26**
Annette für Europa **27**

Mediale Gestaltung
Stimmen und Geräusche in der Nacht – ein Hörspiel produzieren **28**
Verfilmung der »Judenbuche« – ein Casting **29**
Ein Drehbuch für eine Filmszene schreiben **30**

Text- und Bildquellen **32**

Was Bilder über Menschen und Zeiten sagen

Porträt der Annette von Droste-Hülshoff, gemalt von Jenny von Droste-Hülshoff (um 1820)

Daguerreotypie der Droste von Friedrich Hundt (1845)

Oben sind zwei Abbildungen Annette von Droste-Hülshoffs zu sehen, die zu ihrer Lebenszeit (1797–1848) entstanden sind. Das linke Bild ist eine Bildminiatur von Jenny von Droste-Hülshoff, der Schwester Annettes, das rechte eine Art Fotografie von einem zeitgenössischen Fotografen aus Münster.

1 Vergleiche die beiden Abbildungen.

2 Wie stellst du dir die damalige Zeit und die Lebensumstände in der adligen Gesellschaft vor? Versuche sie aus den Abbildungen abzuleiten.

Wer findet das Lösungswort?

Im Materialienteil der Textausgabe der »Judenbuche« ist Annette von Droste-Hülshoffs Lebenschronik in Stichworten zu finden (S. 67–74). Mit ihrer Hilfe bist du sicherlich in der Lage, das folgende Rätsel zu lösen. Wenn du alle Fragen richtig beantwortet hast, ergibt sich als Lösungswort der Name eines wichtigen Aufenthaltsortes der Dichterin, der auch im Hinblick auf die Entstehung der »Judenbuche« von großer Bedeutung ist.

1 Name des Malers, der Annette porträtiert hat

2 Land, in dem sich die Droste 1835 aufhielt

3 Hausname der Großeltern

4 westfälische Landschaft, die Annette 1822 bereiste

5 häufiger Aufenthaltsort

6 literarischer Mentor

7 Vorname des Vaters

8 Vorname der Amme

9 Wallfahrtsort im Münsterland

10 Zeichenlehrer der Droste

11 Aufenthaltsort im Paderborner Land

12 Witwensitz der Mutter

13 Ort, in dem die Droste zur Kur war

14 Nachname der Mutter von Levin Schücking

15 Verlagsort des ersten Gedichtbandes

16 Nachname des Schwagers

1	2	3	4	5	6	7	8	9	10	11	12	13	14	15	16

Annette von Droste-Hülshoff auf Reisen

Annette von Droste-Hülshoff war für ihre Zeit ein sehr reisefreudiger Mensch. Die Reisen dienten ihr dazu, Verwandte und Bekannte zu besuchen; aber auch im Hinblick auf ihr literarisches Werk waren die Reisen von großer Bedeutung. Eine Erzählung wie »Die Judenbuche« wäre wohl kaum möglich gewesen, wenn die Droste sich nicht so häufig im Paderborner Land aufgehalten hätte.
Die vorliegende Karte gibt den Raum wieder, in dem ihre Reisen stattfanden.

1 Zeichne in diese Karte die Orte ein, an denen sich die Droste aufhielt, und ordne ihnen die jeweiligen Jahreszahlen ihres Aufenthaltes zu. Die Lebenschronik im Materialienteil der Textausgabe (S. 67–74) wird dir dabei helfen.

Eine kleine Charakterstudie der Dichterin

Lies Annette von Droste-Hülshoffs Lebenslauf (vgl. Materialienteil der Textausgabe, S. 67–74) sorgfältig durch und betrachte dann noch einmal die Porträts auf Seite 4.

1 Wähle unter den angegebenen Eigenschaften diejenigen aus, von denen du glaubst, dass sie auf die Dichterin zutreffen. Kreuze diese an.

fromm	unordentlich	modebewusst	egoistisch
sensibel	gebildet	langweilig	mutig
feinsinnig	unentschlossen	unsittlich	witzig
musikalisch	zuverlässig	unscheinbar	herrschsüchtig
beharrlich	kritisch	übermütig	keck
arrogant	belastbar	erotisch	melancholisch
gefühlsbetont	ungebildet	fortschrittlich	kokett
herzlich	fleißig	bescheiden	verzogen
klug	temperamentvoll	eitel	unsicher
kränkelnd	unbeherrscht	selbstbewusst	wissbegierig
neugierig	kontaktarm	weltfremd	unnahbar
unauffällig	unruhig	eigensinnig	leichtfertig
untätig	wohlerzogen	heiter	belesen

2 Erstelle mit Hilfe der angekreuzten Merkmale eine kurze Charakteristik der Dichterin.

Wie Annette von Droste-Hülshoff lebte

Das ist eine Zeichnung, die die Dichterin von ihrem Wohn- und Arbeitszimmer im Haus Rüschhaus angefertigt hat. Sie hat dieses später als ihr »Schneckenhäuschen« bezeichnet.

1 Beschreibe das Zimmer.

2 Vergleiche deine Beobachtungen mit der Beschreibung, die Elise Rüdiger, eine Freundin der Autorin, von dem Zimmer gegeben hat.

Elise Rüdiger

»... für Vertraute aber wurde das eigentliche Wohnzimmer der Dichterin geöffnet. Es war merkwürdig charakteristisch; sie nannte es selbst ihr »Schneckenhäuschen«. Klein, schmal und niedrig, lag es im Entresol wie ein Versteck, an dem man auf der breiten Treppe ahnungslos vorüberging, wenn man nicht in seine Geheimnisse eingeweiht war. Vier kleine Fenster öffneten sich nach dem Waldrevier; es war die Westseite und die Dichterin liebte es besonders, allabendlich den Sonnenuntergang durch die Bäume schimmern zu sehen. Die Schwalben nisteten an den Fenstern und flogen im Zimmer frei umher, als gehörte es zu ihrem Neste; sie wussten, dass sie hochwillkommene Gäste waren. Eine Reihe von Bildnissen hing an den Wänden, lauter befreundete Gesichter; ... Glasmalereien, Wappenschilder und Heiligenbilder zierten die Stube, aber die sonstigen Geräte waren ärmlich und alt. Ein winzig kleiner Flügel, noch aus der Kindheit der Klaviatur stammend, der wegen seines leisen Harftentones sich besonders zur Begleitung des Gesanges eignete und deshalb von der Dichterin geliebt wurde, stand neben einem großen hässlichen Sofa und einem unpolierten Tische, auf demselben befanden sich stets mehrere Porzellanschalen mit frisch gepflückten Feldblumen und Heidekräutern. Ein Schreibzeug hatte kümmerlich zwischen ihnen Raum; Briefcouverts und Papierschnitzel lagen daneben, um zu Konzepten für die herrlichen tiefsinnigen Gedichte verwendet zu werden. Mit völlig unleserlichen kleinen eigensinnigen Buchstaben wurden diese niedergekritzelt, eine Runenschrift, die von der Schreiberin selbst kaum entziffert werden konnte. Auf dem großen schwarzen Sofa pflegte sie mit untergeschlagenen Füßen zu sitzen, um abwechselnd zu träumen, zu dichten und zu schreiben.«

3 Wie stellst du dir den Tagesablauf der Autorin vor?

Ein schrecklicher Mord oder die »Geschichte eines Algierer-Sklaven«

Wir befinden uns im Jahre 1813 auf dem Bökerhof, dem Familiensitz der von Haxthausen, im Paderbornischen Bökendorf. Werner von Haxthausen, der Onkel der Dichterin, erzählt im Familienkreise die Geschichte vom Algierer-Sklaven (vgl. Materialienteil der Textausgabe, S. 78–85). Zugegen ist auch Annette, die ihm aufmerksam zuhört.

1 Was könnte er erzählt haben?

2 Welche Fragen könnte sie ihm gestellt haben?

Einführung

Ein Kreuzworträtsel für aufmerksame Leser(innen)

1 Rolle von Friedrich im sozialen Umfeld
2 Teil des Pferdes, der gegen Spuk helfen soll
3 Sprache der Inschrift in der Judenbuche
4 Wetter in der Todesnacht des Vaters
5 Arbeitsgerät zum Baumfällen
6 Mitbringsel des Vaters für Friedrich
7 Landschaft, in der die Judenbuche spielt
8 Name des Knechtes des Juden
9 Aussehen von Johannes
10 Raum, in dem das Vieh steht
11 dorthin verzieht sich Friedrichs Vater, wenn er betrunken ist
12 selbstgebautes Musikinstrument
13 Wallfahrtsort in Westfalen
14 Ort, wo Friedrichs Vater starb
15 Tier, das bei einer Wette die Hauptrolle spielt
16 Vorname von Friedrichs Vater
17 Alter von Friedrich beim Tod des Vaters
18 Getränk, das Friedrichs Mutter zur Mittagszeit zubereitet
19 Name des Gerichtsschreibers
20 Schneehöhe am 24. 12. 1788 im Dorf B. in Fuß
21 Vorname einer Nachbarin
22 Ablageplatz für Friedrichs Gebetbuch
23 Vorhaben von Friedrichs Onkel, seinen Neffen anzunehmen
24 Personal in Mergels Haus
25 Schimpfwort von Frau Mergel für ihren Mann
26 Spitznamen für den Banditen, der den Mord an einem Juden gestanden hat
27 Tätigkeit von Johannes
28 Gegenstand, den die Frau des Juden Aaron unter der Buche findet
29 berufliche Tätigkeit von Brandis
30 Die Judenbuche wird stehen bleiben bis zum letzten …
31 Heizmaterial
32 Diese Farbe hat Johannes' Rock und die Kleidung einer berüchtigten Bande
33 nachdem Hermann Mergel von seiner ersten Frau verlassen wurde, bringen Mägde ihm Schimpf und …
34 gesellschaftliches Ereignis im Dorf
35 abfällige Bezeichnung für Mund
36 Eigenschaft von Mergels zweiter Frau
37 Eigenschaft der Eiche
38 Zustand von Friedrichs Vater vor dem Tod
39 Friedrichs Haarfarbe
40 Name des Juden
41 Friedrichs Tätigkeit nach seiner Rückkehr aus der Sklaverei
42 Gegenstand, den Friedrich von dem Juden erwirbt
43 Gegenstand, nach dem Friedrich greift, als Brandis ihn wegen seiner Armut beschimpft
44 womit Simon abgestritten hat, der Vater von Johannes zu sein
45 Diebesgut auf der Hochzeitsfeier
46 Hausname von Johannes
47 andere Bezeichnung für Onkel
48 Körperkonstitution von Friedrichs Onkel
49 als sich der Amtsschreiber verirrt, ist solch ein Wetter
50 was Friedrichs Vater gerne trinkt
51 Baumaterial für Häuser
52 Vorname der Hauptperson
53 beabsichtigte religiöse Handlung von Friedrich

Wenn du das Rätsel zum Inhalt der »Judenbuche« richtig gelöst hast, ergibt sich aus den umkreisten Buchstaben ein wichtiger Begriff zur »Judenbuche«.

1	2	3	4	5	6	7	8	9	10	11	12	13	14

Der »rote Faden« der Geschichte

Wenn man eine Erzählung verstehen und deuten will, muss man sich zunächst einen Überblick über die Ereignisse, Figuren, Zeit und Handlungsorte der Geschichte verschaffen. Das gilt auch für »Die Judenbuche«. Das kann am besten in der Form eines Schemas geleistet werden, das die Ereignisse der Novelle chronologisch wiedergibt und sie örtlich verankert. Vernachlässigt man einmal die kurze Vorgeschichte der Erzählung, dann ist ihr Ausgangspunkt die Geburt Friedrich Mergels im Jahre 1738 im Dorf B.

1 Gehe den Text noch einmal gründlich durch, trage die entsprechenden Daten in das Schema ein und kennzeichne die wichtigsten Orte und Ereignisse oberhalb und unterhalb der Zeitachse.

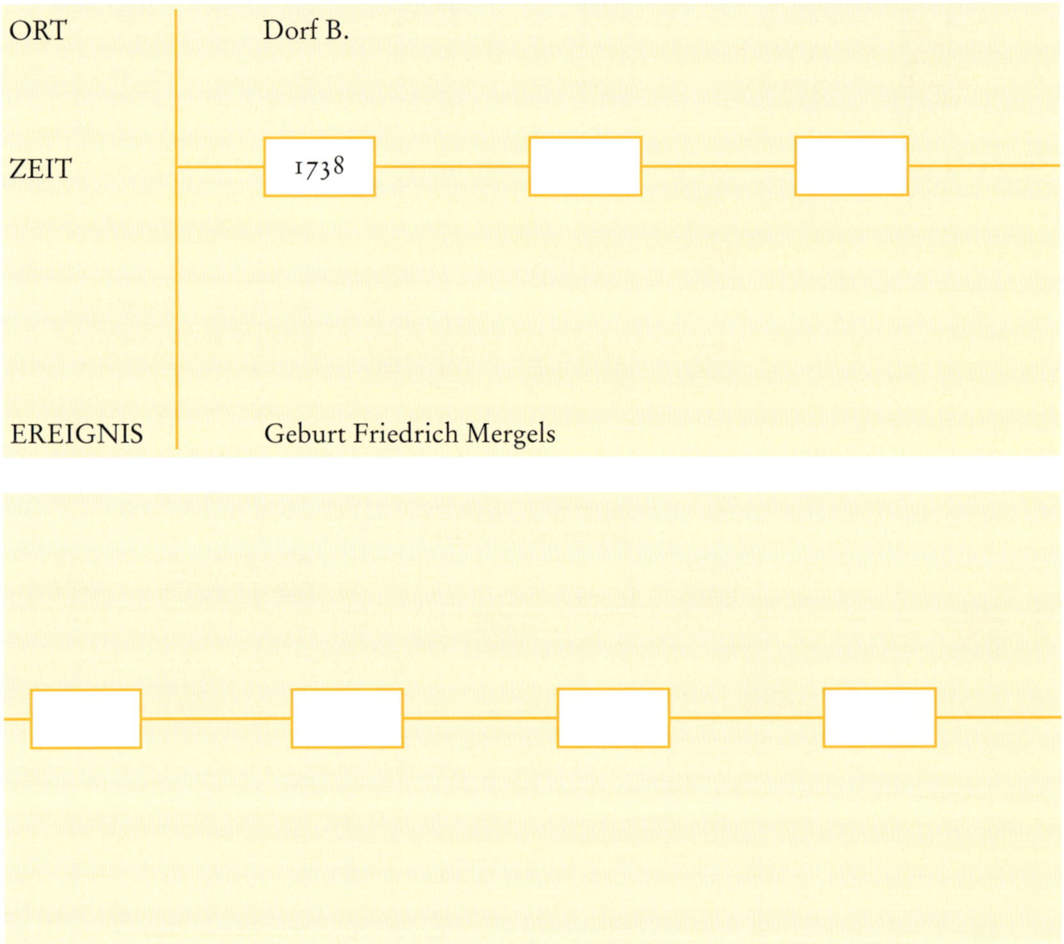

Ein Kriminalkommissar aus Paderborn berichtet

Stelle dir vor, du bist Polizeibeamter in Paderborn, und zwar genau zu der Zeit, in der die Handlung der »Judenbuche« spielt. Als Friedrich Mergel aus dem Dorf geflohen ist, wirst du in das Dorf B. geschickt, »um der Sache auf den Grund zu gehen«. Du stellst eigene Ermittlungen an.

1 Fertige einen kurzen sachlichen Bericht an, den du deinem Vorgesetzten vorlegst.

Bericht über die Ereignisse im Dorf B.

Aufbau

Eine spannende Geschichte in Fortsetzungen

»Die Judenbuche« erschien im Jahr 1842 nicht als geschlossenes Buch, sondern in Form einer Fortsetzungsgeschichte im Cottaschen »Morgenblatt für gebildete Leser«. Stelle dir vor, du bist verantwortlicher Redakteur oder Redakteurin für den Literaturteil einer Tageszeitung und du beabsichtigst »Die Judenbuche« als Fortsetzungsgeschichte abzudrucken.

1 Wie würdest du den Text unterteilen? In wie vielen Folgen würde er erscheinen? Bedenke dabei, dass du für den Abdruck der jeweiligen Fortsetzung innerhalb der Zeitung immer nur etwa den gleichen Raum zur Verfügung hast. Belege die von dir gewählten Einschnitte jeweils durch die Anfangssätze und die entsprechenden Seitenzahlen.

1. »Wo ist die Hand so zart, ...« (S. 9)
2.
3.

2 Welche Gründe waren für deine Gliederung maßgebend?

»Die Judenbuche« als Kriminalerzählung

»Die Judenbuche« von Annette von Droste-Hülshoff ist von der Textgattung her als Kriminalerzählung einzuordnen. Der handschriftliche Entwurf der »Judenbuche« trug den Titel »Friedrich Mergel. Eine Kriminalgeschichte des 18. Jahrhunderts«. Tatsächlich finden sich in ihr zahlreiche Kennzeichen und Strukturmerkmale der Kriminalerzählung.

1 Versuche, die folgenden Begriffe in die Reihenfolge zu bringen, wie sie in der »Judenbuche« vorkommen, und versuche sie inhaltlich anzubinden.

Tat · Strafe · Spuren · Täter · Detektiv · Verdächtige · Alibi · Zeugen · Ermittlung · Opfer · Urteil · Prozess · Motiv

Kriminalistischer Begriff	Inhaltliche Anbindung

Charaktere

Friedrich Mergel in seiner Umwelt

Friedrich Mergel, die Hauptperson in der »Judenbuche«, wird in seinem Charakter und seiner Persönlichkeitsentwicklung entscheidend von seiner sozialen Umgebung, den Menschen im Dorf B., geprägt.

1 Trage in die folgende Skizze die Namen der Menschen ein, die Einfluss auf Friedrich genommen haben, und versuche, diesen Einfluss mit Stichworten zu benennen.

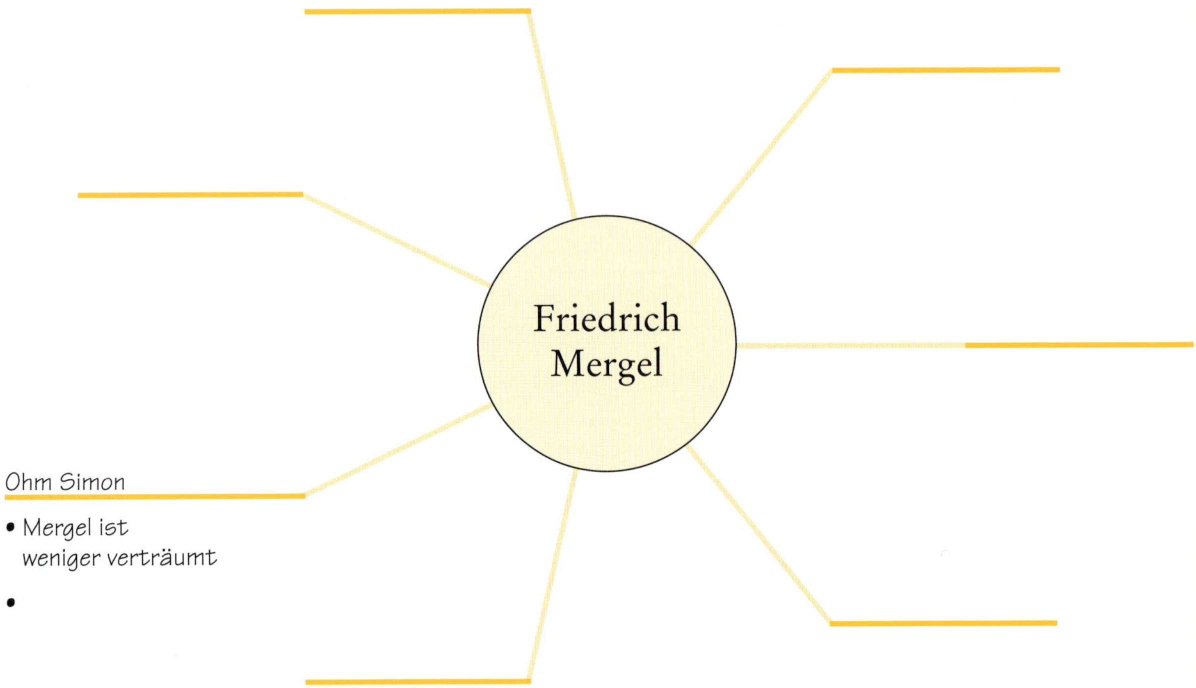

2 Beschreibe die Beziehungen der Personen untereinander.

Friedrich Mergels Heimkehr – ein fiktives Interview

Versetze dich in die Person Friedrich Mergels genau zu dem Zeitpunkt, zu dem er nach langer Abwesenheit in sein Heimatdorf zurückkehrt.
Beantworte dann die folgenden Fragen, die dir gestellt werden.

1 Was war für dich das größte Unglück?

2 Wie hast du versucht dein Glück zu erreichen?

3 Wovor hast du dich gefürchtet?

4 Was hat dich in deinem Leben eingeschränkt?

5 Was war deine Lieblingsbeschäftigung?

6 Worin lag dein größter Fehler?

7 Was hast du bei anderen Menschen am meisten geschätzt?

8 Welche natürliche Gabe wolltest du besitzen?

9 Wie würdest du deine gegenwärtige Situation charakterisieren?

10 Welches Lebensmotto hattest du?

Themen, Motive und Szenen

»Um Haaresbreite« – ein innerer Monolog

1 Die abgebildete Buchillustration gibt eine Szene aus der »Judenbuche« wieder. Auf welchen inhaltlichen Teil bezieht sich die Zeichnung und welche Person ist abgebildet?

2 Versuche dich in die Person zu versetzen, die neben der Kutsche zu sehen ist, und beschreibe aus der Kenntnis des inhaltlichen Kontextes deren Gedanken.

Friedrich Mergel vor Gericht – eine fiktive Gerichtsverhandlung

Nach der Tötung des Juden Aaron kommt es zu einer Gerichtsverhandlung, in der Friedrich Mergel des Mordes angeklagt wird. Am Ende des Prozesses halten Staatsanwaltschaft und Verteidigung ihre Plädoyers.

1 Entscheide dich für eine dieser Rollen und verfasse eine Rede. Trage sie in die linke Spalte ein.

2 Denke beim Schreiben der Rede auch an Argumente, die möglicherweise von der Gegenseite vorgebracht werden könnten, und die dann von dir entkräftet werden müssten. Trage diese stichwortartig in die rechte Spalte ein.

Rede	**Gegenargumente**

Kleine poetische Natur- und Wetterkunde

In der Erzählung »Die Judenbuche« erfüllt die Beschreibung der Atmosphäre eine wichtige Funktion. Hierzu gehört neben der Darstellung der sozialen Verhältnisse im Dorf B. und der Umgebung auch und besonders die Schilderung der Natur. Diese steht in direkter Beziehung zur Handlung der Geschichte.

1 Fülle die folgende Tabelle aus, indem du ermittelst, welcher Ort und welche Naturerscheinungen bzw. welches Wetter den jeweiligen Ereignissen im Text von der Dichterin zugeordnet werden.

Handlung	Ort	Natur/Wetter
Der Tod des Vaters Hermann Mergel		
Friedrich Mergel wird von seinem Onkel Simon Semmler adoptiert und verlässt mit ihm das Haus seiner Mutter		
Tod des Försters Brandis		
Tod des Juden Aaron		

2 Wie lässt sich die Beziehung zwischen Handlung und Naturbeschreibung deuten?

___

___

___

Sprachliche und erzählerische Gestaltung

Das Hochzeitsfest – die Erzählerin als Zeugin

Die Erzählerin weiß sehr gut über die Verhältnisse im Dorf B. Bescheid und vermag innerhalb dieses Zusammenhanges auch sehr anschaulich die Lebensgeschichte Friedrich Mergels zu schildern.
Stelle dir vor, sie würde die Rolle der Chronistin verlassen und als Figur an dem Hochzeitsfest im Dorf teilnehmen, das zur Bloßstellung Friedrichs führt.

1 Versetze dich in die Rolle der Erzählerin und schildere die Ereignisse und Atmosphäre des Festes aus ihrer Perspektive. Nutze dazu deine Sinne, indem du wiedergibst, was du siehst, hörst, schmeckst, fühlst und riechst. Beginne mit folgendem Satz:

Schon von weitem hörte ich den Jubel und das Gelächter von der Tenne …

Eine unheimliche Begebenheit

1 Lies den folgenden Textausschnitt durch und ordne ihn in den Gesamtzusammenhang der Novelle ein. In dem Abschnitt fehlen die Adjektive. Setze die deiner Meinung nach geeigneten Adjektive in die entsprechenden Textlücken ein.

Es war jetzt ganz ______________; das erste Mondviertel stand am Himmel, aber seine ______________ Schimmer dienten nur dazu, den Gegenständen, die sie zuweilen durch eine Lücke der Zweige berührten, ein ______________ Ansehen zu geben. Friedrich hielt sich ______________ hinter seinem Ohm; sein Odem ging ______________, und wer seine Züge hätte unterscheiden können, würde den Ausdruck einer ______________, doch mehr ______________ als ______________ Spannung darin wahrgenommen haben. So schritten beide ______________ voran, Simon mit dem ______________ Schritt des ______________ Wanderers, Friedrich ______________ und wie im Traum. Es kam ihm vor, als ob alles sich bewegte und die Bäume in den einzelnen Mondstrahlen bald zusammen, bald von einander schwankten. Baumwurzeln und ______________ Stellen, wo sich das Wegwasser gesammelt, machten seinen Schritt ______________; er war einige Male nahe daran zu fallen. Jetzt schien sich in einiger Entfernung das Dunkel zu brechen, und bald traten beide in eine ziemlich ______________ Lichtung. In der Mitte der Lichtung stand eine ______________ Eiche, mehr ______________ als ______________; ein ______________ Strahl, der durch die Zweige auf ihren Stamm fiel, zeigte, dass er ______________ sei, was ihn wahrscheinlich vor der allgemeinen Zerstörung geschützt hatte. Hier ergriff Simon plötzlich des Knaben Arm.

2 Vergleiche deine Fassung mit dem Originaltext. Was erreicht die Autorin mit den Adjektiven? Welche Wirkung übt der Textausschnitt auf dich aus?

Wie geschah es?

In der Novelle ist die Rede davon, dass drei Menschen gewaltsam zu Tode kommen.
Es gehört zu den poetischen Eigenheiten dieses Textes, dass die Erzählerin zwar die Fälle als Fakten vorstellt, die Umstände bzw. den genauen Hergang der Taten aber nicht schildert und die Leser(innen) in diesem Zusammenhang auf Mutmaßungen angewiesen sind.

1 Übernimm einmal die Erzählerrolle und versuche die Leerstellen des Textes auszufüllen. Schildere unter Berücksichtigung der im Text angebotenen Informationen, wie der Förster Brandis ums Leben gekommen ist.

Gesamtdeutungen

Welche Deutung ist die beste?

Auf diesem Blatt findest du mehrere Kurzinterpretationen der »Judenbuche«, die im Laufe der letzten 150 Jahre entstanden sind.

1 Lies die drei Texte durch, fertige zu ihnen Notizen an und mache dir klar, was ihre Verfasser jeweils meinen.

Julian Schmidt (1859)

»Und in der That verräth eine prosaische Erzählung des Nachlasses, die Judenbuche, was die einzelnen Scenen betrifft, ein Talent, das die Dichterin unsern besten Erzählern an die Seite stellt. Die schwere Aufgabe, das Entsetzliche und Humoristische, Grauen und Ironie, so ineinander zu verweben, daß das eine vom andern nicht aufgehoben wird, ist ihr vollkommen gelungen. Die Naturwahrheit zeugt von einer Meisterhand; sämmtliche Figuren reden, denken und handeln, wie sie in der Wirklichkeit reden, denken und handeln, und es ist um so merkwürdiger, da die Geschichte sich durchweg in den niedrigen Volkskreisen bewegt: wo die vornehme, kränkliche Dame das beobachtet haben mag, ist räthselhaft; geradezu erfinden läßt sich so etwas nicht. (Die gleiche Schärfe der Beobachtung zeigen auch die ›Bilder aus Westphalen‹ 1840). Noch wunderbarer zeigt sich ihr Talent, die beabsichtigte Stimmung wirklich hervorzubringen, blos durch das grelle Licht, das sie auf die nackten Thatsachen zu werfen weiß. [...] – Der gute Eindruck der Novelle schwindet freilich sehr, wenn man das Ganze ins Auge faßt. Von Zusammenhang ist fast garnicht die Rede. Etwas mag es zur Romantik beitragen, wenn mancher Umstand im Dunkeln bleibt; aber wenn man bei vier Mordthaten, die hier vorfallen (abgesehen von einigen Nebengeschichten) nur bei einer (und auch da nicht sicher) erfährt, wer sie ausgeübt hat, so ist das doch etwas zu viel. Was aber die Hauptsache ist: wir ahnen keine leitende Idee, keine Nothwendigkeit des Schicksals, die uns mit den zahlreichen Greueln versöhnte. Und das ist doch eine gerechte Forderung an den Dichter: wir wollen das Ärgste, was er uns bietet, ertragen, wir wollen das Grauen und den Schmerz nicht scheuen, aber wir wollen wissen, warum er uns damit überhäuft. – Zum Schluß hängt an der Judenbuche wieder eine Leiche (wer sie hingehängt, erfährt man nicht), an der bereits die Würmer nagen.

Peter Berglar (1967)

Die Dichte der Atmosphäre steigert sich auf den etwas über fünfzig Seiten dieser Erzählung von Situation zu Situation; und die ganze Novelle ist ein Schreiten von einer zugespitzten Situation zur anderen. Insofern verstößt sie gegen Goethes Maxime, dass eine Novelle nur eine »einmalige unerhörte Begebenheit« vorstellen dürfe. Die Droste gibt in ihrem Werk eine ganze Lebensgeschichte, die eigentlich sogar in zwei Geschichten zerfällt: in die der halbbewussten Beihilfe zur Ermordung des Försters Brandis und die des Judenmords. Doch trotz dieses Verstoßes gegen die klassische Regel bewirkt die sich einer knappen, unerhört wuchtigen Sprache bedienende Aneinanderfügung von lauter dramatischen Gipfeln, zwischen denen nur ganz schmale, tief eingeschnittene Täler der Reflexionen liegen, dass der Eindruck eines gedrungenen Blockes entsteht, der, wenn man sich ihm nähert, als höchst kunstvoll konstruiertes und verstrebtes Gerippe erkennbar wird, aber zum Phantom verschwimmt, wenn man sich von ihm entfernt.

Helmut Kerber (2000)

Der Novelle liegt eine wahre Begebenheit zugrunde, die der Dichterin seit ihrer Kindheit aus Erzählungen über ihre westfälische Heimat vertraut war und die ihr Onkel August von Haxthausen unter dem Titel »Geschichte eines Algierer-Sklaven« nach Gerichtsakten aufzeichnete und 1818 veröffentlichte.

Die Schriftstellerin erfindet eine Vorgeschichte zu dem historisch beglaubigten Ereignis, womit es ihr gelingt dieses Ereignis als Folge einer Störung der menschlichen Gemeinschaft darzustellen. Das Verhängnisvolle dieser allgemeinen gesellschaftlichen Situation enthüllt sich in einem individuellen Schicksal, das sich in einer Reihe von ungewöhnlichen Ereignissen zunehmend verdichtet und dramatisch zuspitzt.

Entsprechend der Buche, der die Juden die Rache an dem Mörder anvertrauen, erscheint die Natur in der Novelle stets als Richter und Zeuge. Die Dichterin veranschaulicht durch diese enge Verbindung zwischen dem Handeln des Menschen und der ihn umgebenden Natur, dass, verliert er sein »inneres Rechtsgefühl«, er zugleich die Einheit von Menschen und Natur stört, die in der göttlichen Seinsordung festgelegt ist. Bezeichnenderweise geschehen in der »Judenbuche« alle furchtbaren Ereignisse in der Nähe der Buche im Brederwald, während einer stürmischen oder mondhellten Nacht. Der Brederwald wird zu einem magischen Raum, die Buche zum »Dingsymbol für ein Geschehen des Unheils«.

2 Welcher der Deutungsversuche kommt deinem Verständnis des Textes am nächsten? Begründe deine Meinung.

Literarisches Marketing – einen Klappentext schreiben

Stelle dir vor, du bist als Lektor(in) in einem Schulbuchverlag tätig und bereitest eine kleine Schulbuchausgabe von Annette von Droste-Hülshoffs »Judenbuche« vor.
Zusammen mit der Marketingabteilung willst du auch einen Klappentext für den Umschlag des Buches erstellen, um – motivierend und werbend – auf Handlung und Problematik der Judenbuche hinzuweisen.

1 Trage den Klappentext auf den beiden Umschlagklappen ein.

Annette für Europa

Auf dem 20-Mark-Schein der Deutschen Bundesbank befindet sich das Porträt Annette von Droste-Hülshoffs, auf der Rückseite sind ein stilisierter Baum (eine Buche?) und eine Feder zu sehen.

1 Wenn du Grafiker(in) wärest und die Aufgabe hättest, die Rückseite eines 20-Euro-Scheins zu erstellen, und dabei »Die Judenbuche« Berücksichtigung finden müsste, wie würdest du die Aufgabe lösen?

20

20 Euro

Stimmen und Geräusche in der Nacht – ein Hörspiel produzieren

1 Lies den Ausschnitt von S. 14–16 der Textausgabe gründlich durch. Überlege, wie man die Textpassage in eine Hörspielszene umschreiben kann. Bedenke dabei, dass es neben der Artikulation der Stimmen noch andere Möglichkeiten der akustischen Realisierung gibt.

Szene

Tosender Sturm, Klappern der Fensterläden

Friedrich: Mutter ich habe Angst! Der Vater ist schon so lange fort. Wann kommt er endlich nach Hause?

Mutter:

2 Nehmt das Hörspiel auf. Vielleicht ist eure Schule technisch so gut ausgestattet, dass ihr dafür Computer nutzen könnt. Im Internet unter www.hoerspielbox.de könnt ihr viele Anregungen finden, beispielsweise Geräusche und Melodien.

Verfilmung der »Judenbuche« – ein Casting

Stelle dir Folgendes vor: Du bist als Regisseur(in) bei einer Film- und Fernsehgesellschaft tätig und hast die Aufgabe erhalten, Annette von Droste-Hülshoffs »Judenbuche« zu verfilmen. In einer ersten Vorstellungsphase bist du auf der Suche nach geeigneten Schauspieler(innen) für die Besetzung der Rollen.

1 Entwickle für ein von dir initiiertes Casting ein Anforderungsprofil, damit sich geeignete Schauspieler(innen) für die ausgeschriebenen Rollen bewerben können.

Person 1 ______________________

____

____

____

Person 2 ______________________

____

____

____

2 Du bist Schauspieler(in) und auf der Suche nach einer Rolle in einem Spielfilm. Du hörst von der Verfilmung der »Judenbuche« und bewirbst dich um eine Rolle.

a Welche Rolle würdest du übernehmen?

____

b Wie würdest du beim Casting die Wahl einer bestimmten Rolle begründen? Wie würdest du dir die Rolle vorstellen (Aussehen, Kleidung, Frisur, Charakter etc.)?

____

____

____

c Du wirst gebeten, eine Textstelle aus der »Judenbuche« auszusuchen und kurz vorzuspielen. Welche Textstelle würdest du auswählen? Warum?

Textstelle: Seite ______________________________

Ein Drehbuch für eine Filmszene schreiben

Das Doppelgängermotiv spielt in der Novelle eine bedeutende Rolle. Erstmals findet es sich im Text an der Stelle, an der geschildert wird, dass Margreth Friedrich und Johannes verwechselt (Textausgabe S. 23–25).

1 Lies den Textausschnitt noch einmal durch und vergegenwärtige dir den Ablauf des Geschehens. Stelle dir vor, dir sei die Aufgabe übertragen worden, zu dieser Textstelle ein Drehbuch zu schreiben. Gliedere den Text in unterschiedliche Filmszenen auf.

2 Für die Umsetzung des Textes musst du gezielt spezifische filmische Mittel einsetzen. Eine Übersicht dazu findest du im folgenden Text. Lies ihn gründlich durch und sprich mit deinem Nachbarn oder deiner Nachbarin über die Mittel.

Bildanalyse: Einstellungsgrößen – Perspektiven – Kamerabewegungen

Einstellung: kleinste filmische Einheit (shot), Zeitraum zwischen zwei Schnitten.
Einstellungsgrößen (= Abstand des abgebildeten Objekts zur Kamera):
Panorama/Weit: Landschaftsaufnahme, der Einzelne verliert sich in der Landschaft, häufig Einführungs- oder Schlussbilder;
Totale: Abbildung einer oder mehrerer Personen, wobei die Umgebung im Vordergrund steht, Ziel ist die räumliche Orientierung für den Zuschauer;
Halbtotale: Die Person ist ganz zu sehen, ausgewogenes Verhältnis von Person und Umgebung, die Person gewinnt Eigengewicht;
Halbnah: Die Person ist bis zu den Knien/ Oberschenkeln sichtbar, eine Beziehung zu anderen Personen oder Gegenständen wird aufgebaut; Betonung der Gestik;
Amerikanisch: Die Person ist ab der Hüfte aufwärts zu sehen, orientiert an amerikanischen Western, die die Personen ab Pistolengurt aufwärts zeigen;
Nah: Brustbild bzw. Darstellung der Person bis zum Bauch; Mimik und Gestik im Vordergrund, Position des Nachrichtensprechers;
Groß: Darstellung eines Gesichts, innere Befindlichkeit der Person wird gezeigt;
Detail: Abbildung eines Details, z.B. ein Auge, ein Finger, der auf den Tisch trommelt, das Detail steht für das Ganze (pars pro toto).

Perspektiven: Die Kamera gibt die Perspektive vor, unter der der Zuschauer ein Geschehen wahrnimmt; die Wahl der Perspektive bestimmt die Wirkung:
Normalsicht/Augenhöhe: Die Kamera auf der Augenhöhe des Protagonisten, entspricht am ehesten der alltäglichen Wahrnehmung;
Untersicht/Froschperspektive: Die Kamera blickt von unten nach oben; abgebildete Personen oder Gegenstände erscheinen häufig bedrohlich;
Aufsicht/Vogelperspektive: Kamerablicke von oben nach unten; abgebildete Personen und Objekte wirken je nach Kamerawinkel klein und hilflos.
Kamerabewegungen: Die Bewegung der Kamera nimmt eine erzählende Funktion im Film ein. Bezogen auf die Blickrichtung der Kamera unterscheidet man zwei Typen: 1. Die Kameraachse trifft im rechten Winkel auf die Handlungsachse. Der Zuschauer wird in das Geschehen nicht einbezogen. 2. Kameraachse und Bewegungsachse des Geschehens sind identisch. Der Zuschauer wird einbezogen.
Schwenk: Die Kamera behält während des Filmens ihren festen Standpunkt;
Fahrt: Die Kamera wird auf einem Kamerawagen gefahren.

3 Erstelle für diese Szene ein Sequenzprotokoll, in dem du zu jeder Einstellungsnummer den Inhalt beschreibst und dir die Größe und Perspektive der Einstellung, die Bewegung der Kamera und die Zeit überlegst.

Nr.	Inhalt	Größe	Perspektive	Bewegung	Zeit

4 Welche weiteren Möglichkeiten siehst du, die Szene filmisch zu deuten?

Textquellen

Seite 8: Elise Rüdiger: Beschreibung des Wohn- und Arbeitszimmers der Annette von Droste-Hülshoff. Zitiert nach: Walter Gödden: Tag für Tag im Leben der Annette von Droste-Hülshoff. Paderborn: Schöningh Verlag 1996. S. 104 f.

Seite 22: Annette von Droste-Hülshoff: Die Judenbuche. Aus: A.v. D.-H.: Sämtliche Werke. Prosa, Versepen, dramatische Versuche, Übersetzungen. Hrsg. von Bodo Plachta und Winfried Woesler. Darmstadt: Wissenschaftliche Buchgesellschaft 1994. S. 22 f.

Seite 24: Julian Schmidt: Die Judenbuche. Aus: Die Grenzboten. Bd. 4. Leipzig 1859. S. 449.

Seite 25: Peter Berglar: Annette von Droste-Hülshoff. Reinbek: Rowohlt 1967. S. 93 ff.

Seite 25: Helmut Kerber
© Helmut Kerber, Koordinator bei der ZUM-Internet.

Seite 30: Werner Kamp / Manfred Rüsel: Bildanalyse: Einstellungsgrößen – Perspektiven – Kamerabewegungen. Aus: Vom Umgang mit Film. Berlin: Volk und Wissen 1998. S. 14 ff.

Bildquellen

Seite 4: Jenny von Droste-Hülshoff: Porträt der Annette von Droste-Hülshoff (um 1820). Aus: Walter Gödden: Annette von Droste-Hülshoff. Münster: Landschaftsverband Westfalen-Lippe 1996. S. 24.
© Westfälisches Amt für Denkmalpflege Münster.

Seite 4: Friedrich Hundt: Daguerreotypie der Annette von Droste-Hülshoff (1845). Aus: Walter Gödden: Annette von Droste-Hülshoff. Münster: Landschaftsverband Westfalen-Lippe 1996. S. 48.
© Privatbesitz Foto-Archiv Droste-Gesellschaft.

Seite 8: Annette von Droste-Hülshoff: Das „Schneckenhäuschen“. Zeichnung. Aus: Walter Gödden: Tag für Tag im Leben der Annette von Droste-Hülshoff. Paderborn: Schöningh Verlag 1996. S. 104.
© Westfälisches Amt für Denkmalpflege Münster.

Seite 18: Illustration. Aus: Die Judenbuche. Ein Sittengemälde aus dem gebirgichten Westfalen. Regensburg 1949 (mit zwölf Federzeichnungen von Kurt Blisch. Aus: Annette von Droste-Hülshoff (1797-1848). „aber nach hundert Jahren möchte ich gelesen werden“. Hrsg. von Bodo Plachta. Wiesbaden: Dr. Ludwig Reichert Verlag 1997. S. 298.
© Westfälisches Landesmuseum für Kunst und Kulturgeschichte Münster / Sabine Ahlbrand-Dornseif.

Seite 21: Illustration. Aus: Die Judenbuche. Ein Sittengemälde aus dem gebirgichten Westfalen von Annette von Droste-Hülshoff. Mit zweiundzwanzig Bildern nach Originalen von Rudolf André. München (1913). Aus: Annette von Droste-Hülshoff (1797-1848). „aber nach hundert Jahren möchte ich gelesen werden“. Hrsg. von Bodo Plachta. Wiesbaden: Dr. Ludwig Reichert Verlag 1997. S. 151.
© Westfälisches Landesmuseum für Kunst und Kulturgeschichte Münster / Sabine Ahlbrand-Dornseif.